Sajid Kunhabdulla

Compilador baseado na nuvem

Sajid Kunhabdulla

Compilador baseado na nuvem

O poder da nuvem em qualquer língua

ScienciaScripts

Imprint

Any brand names and product names mentioned in this book are subject to trademark, brand or patent protection and are trademarks or registered trademarks of their respective holders. The use of brand names, product names, common names, trade names, product descriptions etc. even without a particular marking in this work is in no way to be construed to mean that such names may be regarded as unrestricted in respect of trademark and brand protection legislation and could thus be used by anyone.

Cover image: www.ingimage.com

This book is a translation from the original published under ISBN 978-620-2-02208-8.

Publisher:
Sciencia Scripts
is a trademark of
Dodo Books Indian Ocean Ltd. and OmniScriptum S.R.L publishing group

120 High Road, East Finchley, London, N2 9ED, United Kingdom
Str. Armeneasca 28/1, office 1, Chisinau MD-2012, Republic of Moldova, Europe
Printed at: see last page
ISBN: 978-620-7-89683-7

ÍNDICE DE CONTEÚDOS

RESUMO

Os compiladores são utilizados para executar programas e convertê-los de um formato de texto para um formato executável. Um compilador que tem de ser instalado manualmente em cada sistema requer fisicamente muito espaço e configuração se não for instalado utilizando parâmetros predefinidos. Além disso, quando um programa é compilado, torna-se dependente da plataforma. É também difícil e cansativo implementar o mesmo código de programa em vários sistemas se a situação não permitir a utilização de um único sistema. Outra desvantagem dos compiladores instaláveis tradicionais é o facto de termos de instalar um compilador diferente para cada linguagem em que pretendemos desenvolver o nosso programa.

Propomos uma solução para este problema sob a forma de um compilador baseado na nuvem.

A computação em nuvem é um modelo que permite o acesso conveniente e a pedido à rede a um conjunto partilhado de recursos informáticos configuráveis que podem ser rapidamente disponibilizados e libertados com um esforço mínimo de gestão. O nosso projeto visa criar um compilador em linha que ajude a reduzir os problemas de portabilidade do armazenamento e do espaço, utilizando o conceito de computação em nuvem. A possibilidade de utilizar diferentes compiladores permite ao programador escolher a ferramenta mais rápida ou mais conveniente para compilar o código e eliminar os erros. Além disso, uma aplicação baseada na Web pode ser utilizada remotamente através de qualquer ligação à rede, independentemente da plataforma. Os erros ou os resultados do programa compilado podem ser armazenados de uma forma mais conveniente. Além disso, evita-se o problema de instalar um compilador em cada computador. Assim, estas vantagens tornam esta aplicação ideal para a realização de exames em linha e também para o desenvolvimento e a aplicação de programas em movimento.

Neste mundo de instrumentos inteligentes, um compilador baseado na nuvem torna possível ter um IDE no dispositivo da sua escolha, à hora que escolher e na linguagem que desejar.

Implementámos uma nuvem privada na plataforma Microsoft Azure na qual a aplicação foi alojada. A aplicação seria fornecida ao utilizador final através de uma nuvem SaaS. O software incluiria um sistema com um editor de texto e um terminal. O utilizador teria a opção de selecionar a língua em que pretende compilar o programa. O software compilará o programa e devolverá o resultado ao utilizador. Se necessário, podem ser acrescentadas outras funcionalidades, como a monitorização do sistema, a utilização pelos utilizadores, os fóruns de utilizadores e o desenvolvimento colaborativo.

DEFINIÇÃO DO PROBLEMA

Os compiladores são utilizados para executar programas e convertê-los de uma linguagem de alto nível baseada em texto para um formato executável compreensível pela máquina. Um compilador, que tem de ser instalado manualmente em cada sistema físico, requer muito espaço e, possivelmente, alguma configuração individual em cada sistema. Se houver configurações específicas do sistema que precisem de ser efectuadas em cada sistema, são incorridas despesas adicionais. Um programa compilado é dependente da plataforma. Não pode ser executado em nenhuma outra plataforma, exceto naquela em que foi compilado. A deslocação do código de um sistema para outro ou a colaboração entre mais do que um programador é também uma tarefa. Outro inconveniente é o facto de cada linguagem de programação necessitar do seu próprio compilador e de cada uma ter pré-requisitos diferentes.

A nossa solução inclui uma nuvem privada na qual a aplicação seria alojada. O software seria fornecido ao utilizador final através de uma nuvem SaaS. O software incluiria um sistema com um editor de texto e um terminal. O utilizador tem a possibilidade de selecionar a língua em que pretende compilar o programa. O software compilará o programa e devolverá o resultado ao utilizador. Se necessário, podem ser acrescentadas outras funcionalidades, como a monitorização do sistema, a utilização pelos utilizadores, os fóruns de utilizadores e o desenvolvimento colaborativo.

MOTIVAÇÃO E OBJECTIVO

A computação em nuvem é um modelo que permite o acesso conveniente e a pedido à rede a um conjunto partilhado de recursos informáticos configuráveis que podem ser rapidamente disponibilizados e libertados com um esforço mínimo de gestão. Decidimos criar uma solução que visa criar um compilador em linha que ajuda a eliminar os problemas de portabilidade, armazenamento e espaço, utilizando o conceito de computação em nuvem. A possibilidade de utilizar diferentes compiladores permite ao programador escolher a linguagem mais rápida ou mais conveniente para a tarefa em causa. Um compilador central permite aos utilizadores compilar o código e eliminar os erros quando lhes for conveniente. Além disso, uma aplicação baseada na Web pode ser utilizada remotamente através de qualquer ligação de rede, independentemente da plataforma. Os erros e os resultados do programa compilado podem ser armazenados de uma forma mais conveniente. Além disso, evitam-se os problemas e as despesas gerais de instalação de um compilador em cada computador. Assim, estas vantagens tornam esta aplicação ideal para a realização de exames em linha.

O compilador baseado na nuvem trata principalmente de fornecer uma plataforma para compilar e executar programas que não dependem de qualquer restrição ou complicação relacionada com a plataforma.

O sistema que implementámos é composto por um compilador Java, PHP, C++ e Python alojado numa nuvem privada implementada na plataforma Windows Azure. O compilador pode ser utilizado para implementar e executar programas e obter diretamente os ficheiros executáveis ou visualizar o resultado.

VANTAGENS DA UTILIZAÇÃO DA COMPUTAÇÃO EM NUVEM

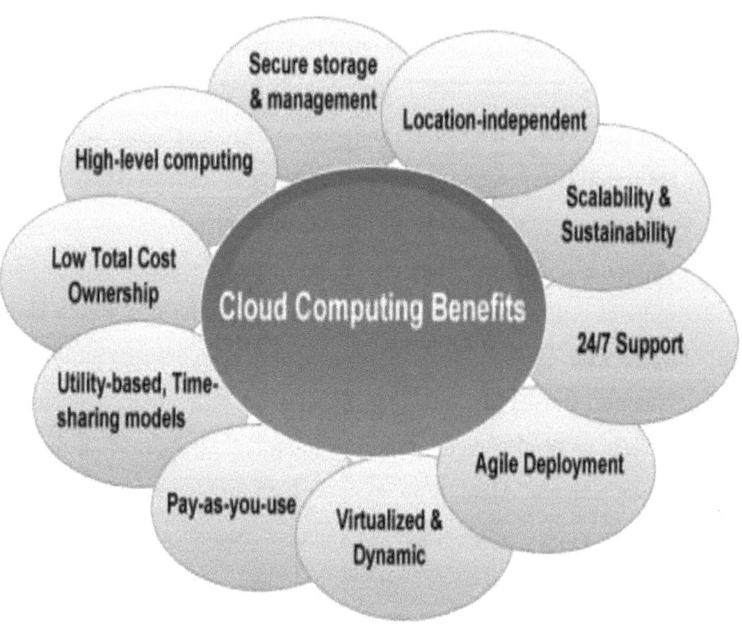

A computação em nuvem apresenta as seguintes características fundamentais:

- O desenvolvimento ágil melhora com a capacidade dos utilizadores de voltar a fornecer recursos de infra-estruturas tecnológicas.

- Interface de programação de aplicações (API) acessibilidade ao software que permite às máquinas interagirem com o software de computação em nuvem da mesma forma que a interface de utilizador facilita a interação entre humanos e computadores. Os sistemas de computação em nuvem utilizam normalmente APIs baseadas em REST.

- O custo total baixo é alegadamente reduzido e, num modelo de fornecimento em nuvem pública, as despesas de capital são convertidas em despesas operacionais. Isto supostamente reduz as barreiras à entrada, uma vez que a infraestrutura é normalmente fornecida por um terceiro e não precisa de ser comprada para tarefas de computação intensivas únicas ou pouco frequentes. Os preços numa base de computação utilitária são mais precisos, com opções baseadas na utilização, e são necessárias menos competências informáticas para a sua implementação (internamente

- A independência do dispositivo e da localização permite que os utilizadores acedam aos sistemas utilizando um navegador Web, independentemente da sua localização ou do dispositivo que estejam a utilizar (por exemplo, PC, telemóvel). Como a infraestrutura está fora do local (normalmente fornecida por terceiros) e é acedida através da Internet, os utilizadores podem ligar-se a partir de qualquer lugar.

- A tecnologia virtualizada e dinâmica permite que os servidores e os dispositivos de armazenamento sejam partilhados e que a utilização seja aumentada. As aplicações podem ser facilmente migradas de um servidor físico para outro.

- O multilocatário, escalável e sustentável, permite a partilha de recursos e custos entre um grande número de utilizadores, possibilitando assim múltiplas vantagens

- Centralização de infra-estruturas em locais com custos mais baixos (como imóveis, eletricidade, etc.)

- Capacidade de carga máxima A computação de alto nível aumenta a capacidade de os utilizadores não precisarem de fazer engenharia para os níveis de carga mais elevados possíveis.

- Melhorias na utilização e na eficiência de sistemas que muitas vezes são apenas 10-20% utilizados.

- A fiabilidade é melhorada se forem utilizados vários sítios redundantes, o que torna a computação em nuvem bem concebida adequada para a continuidade das actividades e a recuperação de desastres.

- Escalabilidade e elasticidade através do aprovisionamento dinâmico ("on-demand") de recursos numa base de autosserviço, quase em tempo real, sem que os utilizadores tenham de fazer engenharia para picos de carga.

- O desempenho é monitorizado e são construídas arquitecturas consistentes e pouco acopladas, utilizando serviços Web como interface do sistema.

- O armazenamento e a gestão seguros podem melhorar devido à centralização dos dados, ao aumento dos recursos orientados para a segurança, etc., mas podem persistir preocupações quanto à perda de controlo sobre determinados dados sensíveis e à falta de segurança dos kernels armazenados. As instalações de nuvens privadas são em parte motivadas pelo desejo dos utilizadores de manterem o controlo sobre a infraestrutura e evitarem perder o controlo da segurança da informação.

- A manutenção das aplicações de computação em nuvem é mais fácil, porque não precisam de ser instaladas no computador de cada utilizador e podem ser acedidas a partir de diferentes locais

UM COMPILADOR TRADICIONAL

Um compilador é um programa especial que processa instruções escritas numa determinada linguagem de programação e as transforma em linguagem de máquina ou "código" que o processador de um computador utiliza. Normalmente, um programador escreve instruções de linguagem numa linguagem como Pascal ou C, uma linha de cada vez, utilizando um editor. O ficheiro criado contém as chamadas instruções de origem. O programador executa então o compilador da linguagem apropriada, especificando o nome do ficheiro que contém as instruções de origem.

Ao executar (running), o compilador começa por analisar (ou analisar) todas as instruções da linguagem sintaticamente, uma após a outra, e depois, numa ou mais fases sucessivas ou "passes", constrói o código de saída, certificando-se de que as instruções que se referem a outras instruções são corretamente referidas no código final. Tradicionalmente, o resultado da compilação é designado por código objeto ou, por vezes, por módulo objeto. O código objeto é um código de máquina que o processador pode executar uma instrução de cada vez.

Tradicionalmente, em alguns sistemas operativos, era necessário um passo adicional após a compilação - o de resolver a localização relativa das instruções e dos dados quando mais do que um módulo de objectos tinha de ser executado ao mesmo tempo e estes faziam referência cruzada às sequências de instruções ou aos dados uns dos outros. Este processo era por vezes designado por edição de ligação e o resultado conhecido por módulo de carga.

Um compilador trabalha com o que por vezes se designa por linguagens 3GL e linguagens de nível superior.

Um compilador, por si só, é uma ferramenta muito poderosa. Cada linguagem de programação tem o seu próprio compilador, que é capaz de compreender a estrutura e o contexto da linguagem.

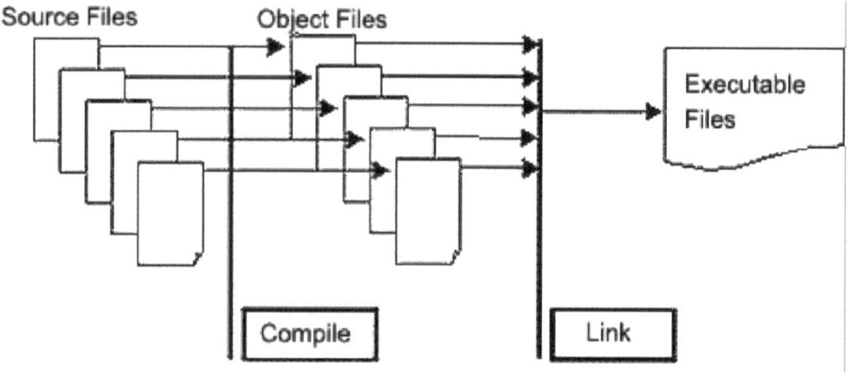

Algumas das características essenciais de um compilador são as seguintes:

Correctness

- A compiler preserves the meaning and structural integrity of the code

Speed of Compilation

- Since compilers are language specific, they are capable of fast processing and compiling of the programs

Error Reporting and Handling

- Compilers are capable of details error reporting and handling of the programming and syntax errors

Co operation with Debugger

- Compilers, in co ordination with an IDE provide a detailed debugger which aids in the quick, easy and efficient code correction and error resolution

Manage of Storage and Variable

- Compilers manage the storage and the variables which are to be accessed and needed by the program

EXTENSÃO EM RELAÇÃO AOS COMPILADORES TRADICIONAIS

Apesar das suas características poderosas, um compilador tem alguns inconvenientes. Um compilador baseado na computação em nuvem visa não só ultrapassar os inconvenientes, mas também alargar as características de um compilador tradicional, a fim de se adaptar às exigências do mundo da programação em constante evolução.

Um compilador baseado na nuvem trata principalmente de fornecer uma plataforma para compilar e executar programas que não dependem de qualquer restrição ou complicação relacionada com a plataforma.

O compilador na nuvem pode ser utilizado por qualquer utilizador que tenha subscrito o compilador e pode utilizá-lo durante um período de tempo específico ou com base na utilização. As funcionalidades adicionais que são fornecidas por um compilador baseado na nuvem são as seguintes

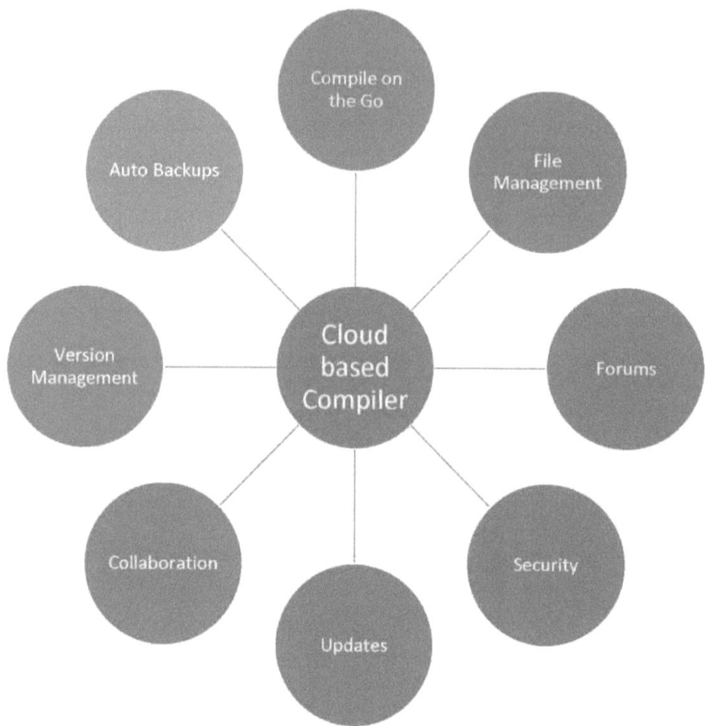

- **Compilar em Go**: A nuvem terá um IDE onde o código-fonte pode ser escrito. O código pode ser implementado na própria nuvem e o resultado pode ser visualizado em tempo real.

- **Gestão de ficheiros**: O código fonte pode ser guardado num formato de texto ou num formato específico da língua no espaço atribuído a cada utilizador. O utilizador pode aumentar o seu espaço de armazenamento a pedido.

- **Fóruns**: O utilizador pode entrar num fórum onde pode discutir os vários problemas ou a solução para os problemas com que se depara.

- **Segurança**: Fornecemos segurança através da implementação de uma caixa de areia, que é um mecanismo de segurança para separar programas em execução. É frequentemente utilizado para executar código não testado, ou programas não confiáveis de terceiros não verificados, fornecedores, utilizadores não confiáveis e sítios Web não confiáveis.

- **Atualização**: Uma vez que os compiladores serão alojados na nuvem, cabe ao utilizador atualizar o compilador sempre que for lançada uma atualização.

- **Colaboração**: Uma vez que o código está alojado na nuvem, é mais fácil colaborar entre diferentes utilizadores sobre o mesmo código. Também é mais fácil partilhar o código entre os diferentes utilizadores.

- **Gestão de versões**: Tradicionalmente, a gestão de versões é feita através de um software de terceiros, como o Git, e a atividade de gestão de versões é completamente manual. O compilador baseado na nuvem será complementado com um sistema de controlo de versões que manterá automaticamente as versões do código alterado para referência futura.

- **Cópias de segurança automáticas**: A nuvem é um sistema seguro e tem uma funcionalidade de cópia de segurança automática que garante que o seu código nunca se perde e está acessível em todos os seus sistemas no mesmo formato, conforme necessário.

DIAGRAMAS DE MODELAÇÃO

A Linguagem de Modelação Unificada (UML) foi criada para forjar uma linguagem de modelação visual comum, semântica e sintaticamente rica, para a arquitetura, conceção e implementação de sistemas de software complexos, tanto a nível estrutural como comportamental. A UML tem aplicações que vão para além do desenvolvimento de software, como o fluxo de processos no fabrico.

É análogo aos esquemas utilizados noutros campos e consiste em diversos tipos de diagramas. Em conjunto, os diagramas UML descrevem os limites, a estrutura e o comportamento do sistema e dos objectos que o compõem.

A UML não é uma linguagem de programação, mas existem ferramentas que podem ser utilizadas para gerar código em várias linguagens utilizando diagramas UML. O UML tem uma relação direta com a análise e a conceção orientadas para os objectos.

É importante distinguir entre o modelo UML e o conjunto de diagramas de um sistema. Um diagrama é uma representação gráfica parcial do modelo de um sistema. O conjunto de diagramas não precisa cobrir completamente o modelo e a exclusão de um diagrama não altera o modelo. O modelo também pode conter documentação que orienta os elementos do modelo e os diagramas (como casos de uso escritos).

Os diagramas UML representam duas visões diferentes de um modelo de sistema:

- Visão estática (ou estrutural): enfatiza a estrutura estática do sistema usando objectos, atributos, operações e relações. Inclui diagramas de classes e diagramas de estrutura composta.
- Vista dinâmica (ou comportamental): enfatiza o comportamento dinâmico do sistema, mostrando as colaborações entre objectos e as alterações aos estados internos dos objectos. Esta visão inclui diagramas de sequência, diagramas de atividade e diagramas de máquina de estados.

Os modelos UML podem ser trocados entre ferramentas UML utilizando o formato XML Metadata Interchange (XMI).

Para ajudar o desenvolvimento e a compreensão do sistema, criámos alguns diagramas de modelação do sistema de compilação baseado na nuvem.

1. Arquitetura do sistema
2. Fluxograma
3. Diagrama de classes
4. Diagrama de fluxo de dados
5. Diagrama de implantação

Um modelo de arquitetura (em software) é um diagrama rico e rigoroso, criado com recurso a normas disponíveis, em que a principal preocupação é ilustrar um conjunto específico de compromissos inerentes à estrutura e à conceção de um sistema ou ecossistema. Um modelo de arquitetura é a expressão de um ponto de vista da arquitetura de software. A arquitetura do sistema proposto é a seguinte

Pode pensar-se na arquitetura de um sistema como um conjunto de representações de um sistema existente (ou futuro). Estas representações descrevem inicialmente uma organização funcional geral e de alto nível, sendo progressivamente refinadas para descrições mais pormenorizadas e concretas.

A arquitetura do sistema transmite o conteúdo informativo dos elementos que compõem um sistema, as relações entre esses elementos e as regras que regem essas relações. Os componentes arquitectónicos e o conjunto de relações entre esses componentes que constituem a descrição de uma arquitetura podem consistir em hardware, software, documentação, instalações, procedimentos manuais ou funções desempenhadas por organizações ou pessoas.

A arquitetura de um sistema concentra-se essencialmente nas interfaces internas entre os componentes ou subsistemas do sistema e na(s) interface(s) entre o sistema e o seu ambiente externo, especialmente o utilizador. (No caso específico dos sistemas informáticos, esta última interface, especial, é conhecida por interface homem computador, também conhecida por interface homem computador ou CHI; anteriormente designada por interface homem-máquina).

A arquitetura do sistema do compilador baseado na nuvem concebido é a seguinte

O sistema está dividido em 5 módulos. Cada módulo tem uma tarefa específica a realizar. Todos os módulos juntos e em sincronia fornecem a funcionalidade do compilador através de uma nuvem SaaS.

1. Centro de dados

2. Arquitetura em nuvem

3. Módulo de serviços

4. API de nuvem Saas

5. Aplicadores de tráfego e de políticas

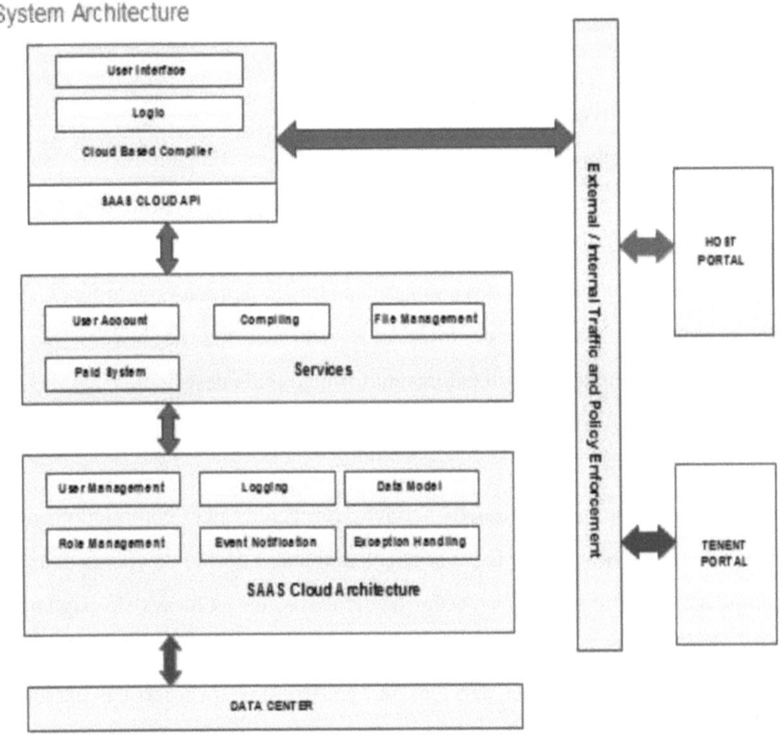

1. Centro de dados

O centro de dados é o principal centro de dados do sistema. Alberga a gestão dos utilizadores e a base de dados do sistema, bem como armazena os programas dos utilizadores no sistema. O centro de dados é construído de forma a que os espaços dos utilizadores sejam completamente exclusivos e protegidos. Os programas de um utilizador não devem interagir com os de outro utilizador, nem prejudicá-los.

Uma caraterística adicional do Centro de Dados é que as bases de dados podem ser tornadas acessíveis ao utilizador através da virtualização. A base de dados alargada ou virtual pode funcionar como base de dados para os programas desenvolvidos ou executados pelos utilizadores.

2. Arquitetura em nuvem

O módulo de arquitetura da nuvem aloja todas as funcionalidades do sistema relacionadas com a nuvem. Estas incluem a gestão de utilizadores, o registo, o modelo de dados, a gestão de funções, as notificações de eventos e o tratamento de excepções. Estas funcionalidades são geridas através de uma nuvem SaaS. A nuvem SaaS garante que os recursos fornecidos pelo serviço de nuvem são geridos corretamente e chegam aos utilizadores no formato mais desejável.

3. Módulo de serviços

O módulo Serviços inclui todos os serviços fornecidos pelo compilador como uma aplicação baseada na nuvem. Estes serviços incluem a gestão de contas de utilizador, a compilação de programas, a gestão de ficheiros, os gateways de pagamento e a gestão de assinaturas. Os serviços são uma consequência da utilização dos utilizadores do sistema. Estes serviços são construídos em torno das características adicionais que são desejadas pelo compilador baseado na nuvem.

4. API de nuvem SaaS

A API de software como serviço (SaaS) na nuvem é um meio de fornecer as funcionalidades do compilador baseado na nuvem aos utilizadores finais. As características essenciais são

a. Modelo de pagamento consoante o uso / Modelo baseado em subscrição
b. Escalabilidade
c. Segurança reforçada
d. Redução da manutenção e das despesas gerais

Neste caso, a API SaaS Cloud funciona como uma interface entre o utilizador e os compiladores que são executados no servidor. A API gere a interface do utilizador e a segurança baseada no início de sessão, para além da confidencialidade do cliente.

5. Aplicadores de tráfego e de políticas

A necessidade fundamental de um sistema de controlo de tráfego e de aplicação de políticas é gerir o tráfego que entra e sai do sistema. Sendo este projeto um compilador baseado na nuvem, é importante dispor de um sistema de aplicação de políticas e de tráfego eficiente e robusto. Este módulo estabelece as regras com base nas quais o compilador pode interagir com o sistema e os utilizadores. Não só ligará o sistema a utilizadores ou sistemas externos, como também estabelecerá os protocolos e as políticas para a comunicação intra-sistema.

GRÁFICO DE FLUXO

Um fluxograma é um tipo de diagrama que representa um algoritmo ou processo, mostrando os passos como caixas de vários tipos, e a sua ordem ligando-os com setas. Trata-se de uma solução diagramática para o problema apresentado. As operações do processo estão implícitas na sequenciação das operações.

Um fluxograma é uma representação visual da sequência de passos e decisões necessárias para executar um processo. Cada passo da sequência é anotado numa forma de diagrama. Os passos são ligados por linhas de ligação e setas direccionais. Isto permite a qualquer pessoa visualizar o fluxograma e seguir logicamente o processo do princípio ao fim.

Um fluxograma é uma ferramenta empresarial poderosa. Com uma conceção e construção adequadas, comunica as etapas de um processo de forma muito eficaz e eficiente.

Segue-se um fluxograma consolidado do sistema de compilação baseado na nuvem, com todos os processos incorporados num único gráfico.

O sistema foi concebido para ter um único ponto de entrada. Para realizar qualquer atividade no sistema, o utilizador tem de iniciar sessão no portal. Apenas os utilizadores autenticados e autorizados poderão prosseguir e utilizar a aplicação. Nos casos em que um utilizador não tenha as credenciais de início de sessão, terá de as obter antes de prosseguir com a utilização do sistema.

Todo o fluxo é executado nos servidores Web e na nuvem. O sistema do utilizador é mantido livre e independente dos servidores de processamento. O sistema foi concebido para ser independente do sistema do utilizador, a fim de facilitar a mobilidade e aumentar a flexibilidade. Evitar qualquer dependência do sistema do utilizador torna o sistema de código independente e o utilizador pode aceder e executar o mesmo código a partir de qualquer sistema. O sistema é suficientemente capaz de ser executado a partir de dispositivos portáteis com a mesma eficiência.

Um dos fluxos futuros que será acrescentado é o descarregamento de ficheiros executáveis ou códigos para o sistema do utilizador. Para a criação de executáveis, é necessário conhecer os pormenores do sistema cliente. Isto tornaria o ficheiro executável final dependente do sistema. No entanto, a fim de proporcionar uma experiência móvel completa, o utilizador terá a possibilidade de alterar as características ou configurações da máquina virtual em que o código é executado e de alterar os parâmetros, como o sistema operativo, durante a criação dos ficheiros executáveis. Isto garantirá que o código nunca se restringe a um sistema ou máquina em particular e ajudará o utilizador a criar vários executáveis conforme necessário.

Os diferentes processos no fluxograma são os seguintes:

1. **Escrever ou compilar o código**

   Este é o objetivo fundamental da aplicação. O utilizador pode começar por selecionar uma língua de entre todas as línguas disponíveis. O sistema gera automaticamente um modelo de código funcional. O utilizador pode continuar a editar o mesmo código ou começar a escrever o seu próprio código. Será fornecido um IDE baseado na Web para ajudar o utilizador. Além disso, o utilizador também poderá escrever o seu código através de um ficheiro, se disponível. O utilizador poderá também depurar o programa em tempo real para poder identificar os problemas no código.

2. **Gestão de ficheiros**

   A solução terá o seu próprio sistema interno de gestão de ficheiros. O sistema de ficheiros é organizado com base em projectos. Os utilizadores terão acesso para ler, escrever, criar e modificar os ficheiros. A maior parte da estrutura de pastas será gerida automaticamente pelo sistema. O utilizador só terá acesso para ler ou escrever os ficheiros relacionados com o projeto. Foi implementado um sistema automático de criação de versões para facilitar a utilização e uma opção de gestão de cópias de segurança para os utilizadores.

Os utilizadores têm também a possibilidade de colaborar entre diferentes utilizadores. O utilizador pode fazer dos seus amigos, que também precisam de ser um utilizador registado no sistema, um colaborador e eles também terão acesso de leitura e escrita aos ficheiros. Será utilizado um registo detalhado e um sistema de push, pull e bloqueio baseado no GIT para garantir a coerência do código, tendo em conta as possíveis actualizações simultâneas pelo utilizador.

3. Serviços de atualização

O sistema fornecerá apenas um número limitado de compiladores e um espaço limitado a cada utilizador no nível gratuito do sistema. Para utilizar linguagens proprietárias como ASP.NET, os utilizadores terão de pagar um custo nominal. Além disso, os utilizadores também terão de expandir o seu armazenamento para criar vários projectos e utilizar todas as funcionalidades, como a colaboração e a partilha de ficheiros.

Flow Chart

Start
Login
Register
no
If Valid
yes
Use Compiler
File Management
Upgrade
Logout
Open File / write code
Creat / Modify / Update / Delete
Select service
Execute / Debug
receive payment
Stop
update database
Return
Return
Return

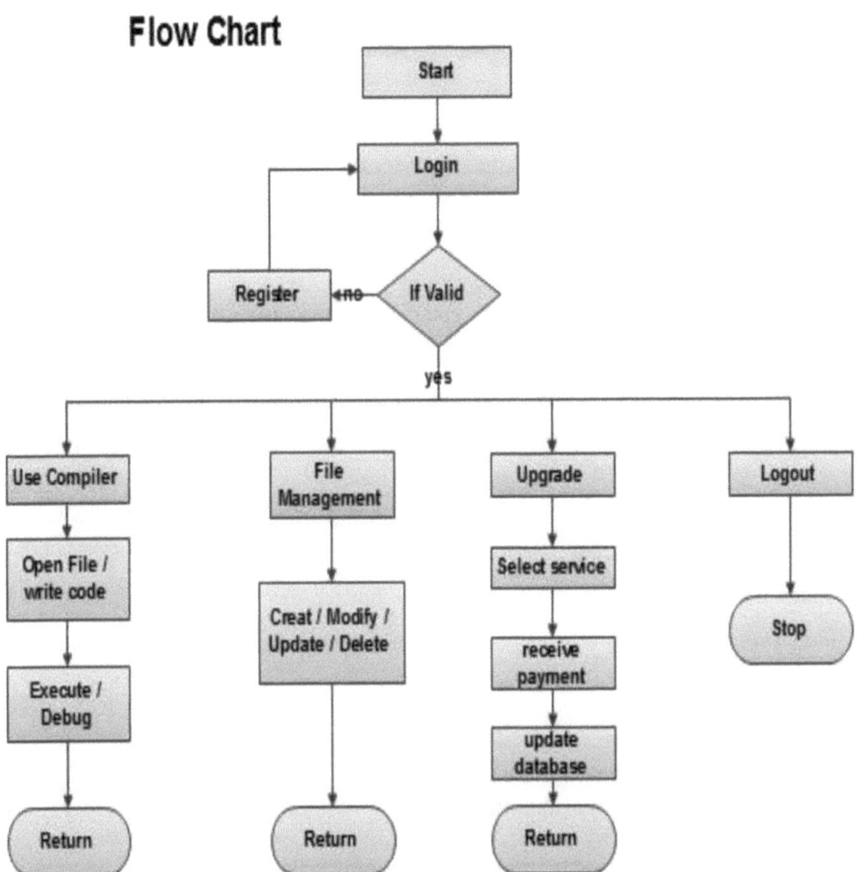

DIAGRAMA DE CLASSE

Na engenharia de software, um diagrama de classes na Linguagem de Modelação Unificada (UML) é um tipo de diagrama de estrutura estática que descreve a estrutura de um sistema mostrando as classes do sistema, os seus atributos, operações (ou métodos) e as relações entre as classes.

O diagrama de classes é um diagrama estático. Representa a visão estática de uma aplicação. O diagrama de classes não é apenas utilizado para visualizar, descrever e documentar diferentes aspectos de um sistema, mas também para construir o código executável da aplicação de software.

O diagrama de classes descreve os atributos e operações de uma classe e também as restrições impostas ao sistema. Os diagramas de classes são amplamente utilizados na modelação de sistemas orientados para objectos porque são os únicos diagramas UML que podem ser mapeados diretamente com linguagens orientadas para objectos.

O diagrama de classes mostra uma coleção de classes, interfaces, associações, colaborações e restrições. Também é conhecido como diagrama estrutural.

O objetivo do diagrama de classes pode ser resumido da seguinte forma:

- Análise e conceção da vista estática de uma aplicação.
- Descrever as responsabilidades de um sistema.
- Base para diagramas de componentes e de implantação.
- Engenharia direta e inversa.

O sistema foi construído de acordo com o paradigma orientado para os objectos. O sistema é composto principalmente por 5 classes activas

1. Administrador

2. Compilador

3. Controlo

4. Utilizador

5. Gestão de ficheiros

O diagrama de classes para o sistema de compilação baseado na nuvem é o seguinte

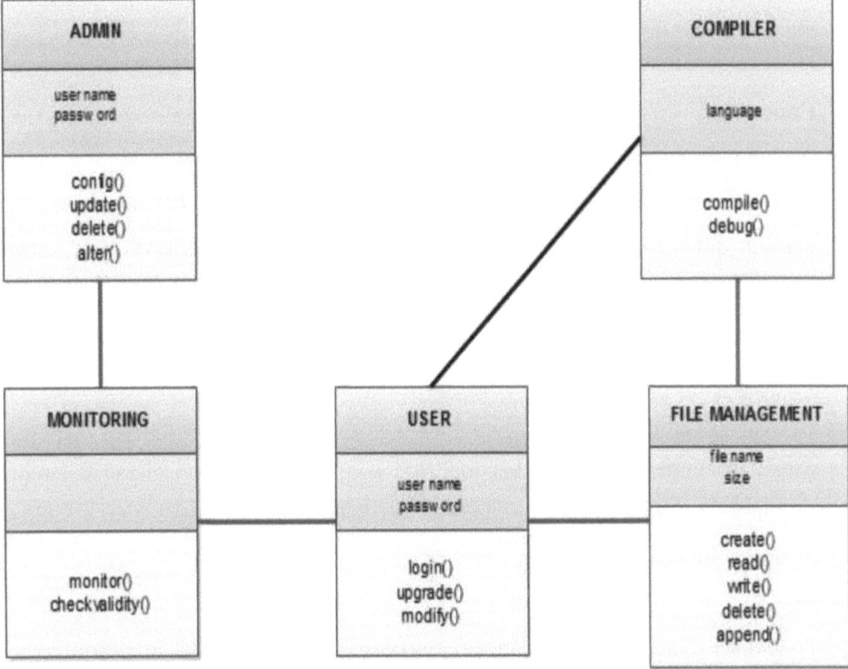

1. Administrador

O admin é o administrador principal e o controlador do portal. Haverá apenas uma instância do admin em execução em qualquer altura.

O administrador será autenticado por um nome de utilizador e uma palavra-passe. Para acrescentar uma camada adicional de segurança, pode ser introduzida uma autenticação de dois factores para reconhecer o administrador.

O administrador é responsável pelo controlo direto da utilização do sistema. Para garantir a confidencialidade e a privacidade dos utilizadores, o administrador não terá acesso direto aos dados dos utilizadores ou aos programas. Ele deve passar por uma camada de monitorização abstrata para realizar estas actividades.

Para além de monitorizar o sistema, o administrador terá acesso à alteração das configurações do sistema, à gestão dos utilizadores e à gestão do espaço.

2. Controlo

A classe de monitorização funciona como uma interface entre o administrador e os utilizadores ou o sistema. A principal função da classe de monitorização é permitir que o administrador monitorize o sistema sem ter acesso direto aos dados do utilizador. A classe de monitorização foi implementada para garantir a privacidade e a confidencialidade dos utilizadores.

A classe de monitorização monitoriza continuamente o sistema em termos de carga, desempenho, programas maliciosos e utilização. Esta classe é também responsável por todas as actividades e verificações relacionadas com a validade do utilizador e a subscrição que têm de ser realizadas.

Podem ser criadas várias instâncias da classe de monitorização ao mesmo tempo. Esta é gerida automaticamente pela própria classe com base na carga do sistema e no desempenho. A vantagem disto é que podemos garantir que todos os parâmetros do sistema podem ser monitorizados de forma eficiente e contínua, uma vez que a segurança e o desempenho são os principais factores do sistema.

3. Utilizador

A classe de utilizador aloja os dados do utilizador que iniciou sessão. É criada uma nova instância desta classe sempre que um novo utilizador inicia sessão no sistema ou no portal.

Um utilizador é validado pelo seu nome de utilizador e palavra-passe. Todas as operações específicas do utilizador, como a criação de novos programas ou projectos e a atualização ou redução de serviços, são executadas por esta classe.

Algumas informações relacionadas com os programas e a carga gerada pelo utilizador são transmitidas de forma intermitente à classe de monitorização para auxiliar a monitorização do sistema.

4. Compilador

O Compilador aloja o compilador da língua específica para a qual a instância foi criada. É criada uma nova instância para cada língua atualmente utilizada pelos utilizadores.

A classe do compilador realiza as actividades de compilação, execução e depuração a pedido dos programas que estão a ser executados pelo utilizador no sistema.
Por razões de segurança, o acesso direto ao compilador completo não é fornecido às utilizações, mas é encapsulado através da classe do compilador.

A classe do compilador, para além das actividades gerais de compilação, analisa o código e analisa-o através de um mecanismo de segurança externo para filtrar códigos maliciosos e infecciosos que possam afetar negativamente o sistema.

5. Gestão de ficheiros

A gestão de ficheiros do sistema é completamente automática. O utilizador só tem de introduzir o nome do projeto e o sistema criará automaticamente a estrutura de pastas necessária e os ficheiros de suporte necessários. Além disso, o sistema encarrega-se automaticamente das cópias de segurança e da gestão das versões do código. O utilizador também tem autorização para carregar os ficheiros de suporte e os recursos necessários para o programa que está a ser executado pelo utilizador.

O sistema de gestão de ficheiros tem acesso direto ao compilador do sistema. O gestor de ficheiros dispõe de um acesso HTTP a outros mecanismos de segurança em linha. O gestor de ficheiros examina constantemente o código e os ficheiros do utilizador em busca de ficheiros maliciosos. Isto garante que o código malicioso, se existir, é detectado o mais cedo possível e minimiza o impacto no sistema. O servidor de ficheiros também está isolado da rede geral em caso de falhas.

DIAGRAMA DE FLUXO DE DADOS

Um diagrama de fluxo de dados (DFD) é uma representação gráfica do "fluxo" de dados através de um sistema de informação, modelando os seus aspectos processuais. Muitas vezes, são uma etapa preliminar utilizada para criar uma visão geral do sistema que pode ser posteriormente elaborada.

Mostra como a informação entra e sai do sistema, as fontes e os destinos dessa informação e onde essa informação é armazenada.

As informações que não são apresentadas num DFD incluem o tempo que os processos demoram e se esses processos funcionam em série ou em paralelo. Essas informações são normalmente apresentadas num fluxograma.

Um diagrama de contexto é um diagrama de fluxo de dados de nível superior (também conhecido como "Nível 0"). Ele contém apenas um nó de processo ("Processo 0") que generaliza a função de todo o sistema em relação a entidades externas.

O sistema é composto por três espaços de nomes distintos. São eles:

1. Instalações do utilizador

2. Sistema de compilação

3. Nuvem Azure

Espera-se que o utilizador realize duas actividades na nuvem.

1. Criação de conta e início de sessão

2. Criar um projeto e/ou um programa.

Os diagramas de fluxo dc dados destes casos de utilização estão representados nos diagramas abaixo.

O fluxo de dados garante que o processamento no utilizador é mínimo ou nulo e que toda a compilação e cálculo são efectuados na máquina virtual ou no compilador. Isto garante que não há dependência do sistema do utilizador em relação à codificação e compilação dos programas.

A camada de nuvem é completamente abstraída do utilizador. O sistema, no que diz respeito ao utilizador, funciona de forma semelhante a um IDE da sua escolha. Espera-se que o utilizador se limite a executar os seus programas no sistema.

O acesso direto do utilizador ao servidor Web, à nuvem e ao compilador é restrito. O fluxo de dados do utilizador imita o de um IDE convencional. Isto garante que o utilizador não se depara com qualquer lacuna ou desafio tecnológico ao passar de um IDE para um compilador baseado na Web.

Data Flow Diagram

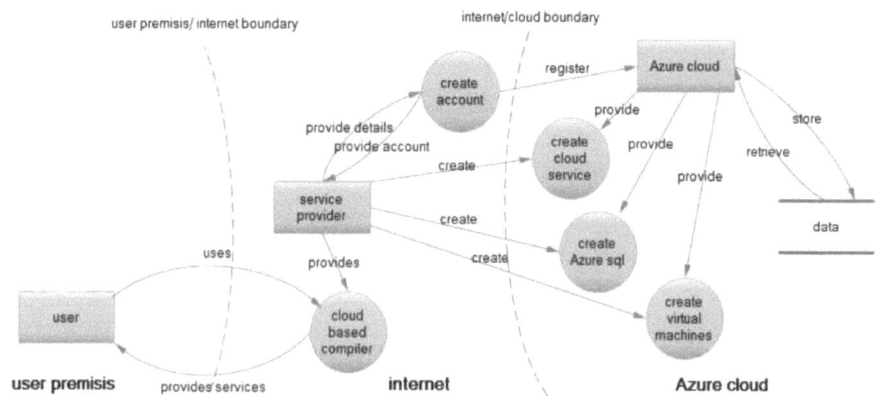

Caso de utilização 1: Registo e autorização do utilizador

A primeira atividade realizada pelo utilizador ao aceder ao sistema é autenticar-se no sistema. Isto é feito utilizando o mecanismo de uma identificação de início de sessão e uma palavra-passe. Se o sistema autenticar o utilizador como um utilizador reconhecido, então o utilizador tem acesso a todas as outras funcionalidades do sistema.

Se um utilizador não for um utilizador reconhecido ou for novo no sistema, espera-se que crie uma nova conta no sistema e registe os seus dados no sistema. Após o registo bem sucedido, será gerado um novo conjunto de credenciais que pode ser utilizado pelo utilizador para se autenticar facilmente nos seus acessos subsequentes ao sistema.

Todas as actividades têm lugar no espaço de nomes do sistema. Nenhuma atividade ou processamento ocorre nas instalações do utilizador. A nuvem Azure encarrega-se das actividades de suporte do lado do servidor back-end para criar com êxito uma nova instância de máquina virtual, criar um serviço de nuvem para entrega através de SaaS e gerir a base de dados da nuvem.

A nuvem Azure também faz cópias de segurança do sistema e fornece uma rede de distribuição de conteúdos (CDN) auto-hospedada para fornecer uma rede robusta e melhorar a acessibilidade do serviço através da Internet.

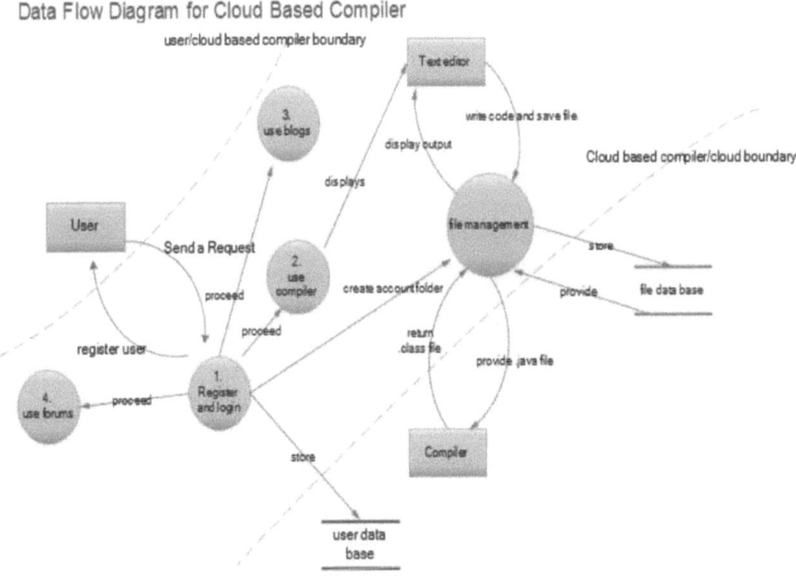

Caso de utilização 2: Criação, compilação e execução de programas

Neste caso de utilização, os espaços de nomes que interagem são:

1. Utilizador

2. Serviço de compilação

3. Compilador

A autenticação pelo sistema é um pré-requisito para o acionamento deste fluxo de dados.

A responsabilidade do utilizador é selecionar a língua desejada e criar o programa de acordo com os seus requisitos. Além disso, o utilizador deve carregar todos os recursos de apoio necessários para as pastas pré-determinadas no sistema.

O utilizador não tem acesso direto aos serviços de gestão de ficheiros. Isto é automaticamente acionado pelo compilador, conforme necessário.

Toda a utilização e os detalhes do utilizador são armazenados numa base de dados de utilizadores no servidor. O servidor também aloja o compilador para o qual o código está a ser executado pelo utilizador.

O utilizador cria o programa num editor de texto do IDE que é fornecido pelo sistema. Ao selecionar a opção de execução, o editor de texto guarda o ficheiro de código no sistema de ficheiros e executa as verificações de segurança necessárias. Quando as verificações de segurança são aprovadas, o compilador executa o programa e devolve o resultado ao utilizador.

O serviço também fornece algumas funcionalidades adicionais aos utilizadores registados.

1. Blogues

    Um utilizador pode criar os seus próprios blogues relacionados com a programação informática para partilhar os seus conhecimentos com os outros utilizadores.

2. Colaboração

Um utilizador pode adicionar outros utilizadores como colaboradores num projeto. Todos os colaboradores têm acesso de leitura, escrita e execução a programas comuns.

3. Fóruns

É criado um fórum específico para cada língua. Os utilizadores podem colocar as suas questões no fórum e os outros utilizadores podem resolver as questões e partilhar e melhorar os conhecimentos e competências uns dos outros.

DIAGRAMA DE IMPLANTAÇÃO

Um diagrama de implantação na Unified Modeling Language modela a implantação física de artefactos em nós. Para descrever um sítio Web, por exemplo, um diagrama de implantação mostraria que componentes de hardware ("nós") existem (por exemplo, um servidor Web, um servidor de aplicações e um servidor de base de dados), que componentes de software ("artefactos") são executados em cada nó (por exemplo, aplicação Web, base de dados) e como as diferentes peças estão ligadas.

Os diagramas de implantação são utilizados para visualizar a topologia dos componentes físicos de um sistema, onde os componentes de software são implantados. Os diagramas de implantação são utilizados para descrever a vista de implantação estática de um sistema. Os diagramas de implantação consistem em nós e nas suas relações.

O diagrama de implantação é um diagrama de estrutura que mostra a arquitetura do sistema como implantação (distribuição) de artefactos de software para alvos de implantação.

Os artefactos representam elementos concretos no mundo físico que são o resultado de um processo de desenvolvimento. Exemplos de artefactos são ficheiros executáveis, bibliotecas, arquivos, esquemas de bases de dados, ficheiros de configuração, etc.

O objetivo da implantação é geralmente representado por um nó, que pode ser um dispositivo de hardware ou um ambiente de execução de software. Os nós podem ser ligados através de vias de comunicação para criar sistemas em rede de complexidade arbitrária.

Note-se que os componentes eram diretamente implementados em nós nos diagramas de implementação UML 1.x. No UML 2.x, os artefactos são implantados em nós e os artefactos podem manifestar (implementar) componentes. Os componentes são implantados em nós indiretamente através de artefactos.

Os diagramas de implantação podem descrever a arquitetura ao nível da especificação (também chamado nível de tipo) ou ao nível da instância (semelhante aos diagramas de classes e diagramas de objectos).

O diagrama de implantação ao nível da especificação mostra uma visão geral da implantação de artefactos em alvos de implantação, sem fazer referência a instâncias específicas de artefactos ou nós.

O diagrama de implantação ao nível da instância mostra a implantação de instâncias de artefactos para instâncias específicas de alvos de implantação. Pode ser usado, por exemplo, para mostrar diferenças nas implantações em ambientes de desenvolvimento, preparação ou produção com os nomes/id de servidores ou dispositivos específicos de compilação ou implantação.

O objetivo dos diagramas de implantação pode ser descrito como:

- Visualize a topologia de hardware de um sistema.
- Descrever os componentes de hardware utilizados para implementar componentes de software.
- Descrever os nós de processamento em tempo de execução.

Pode dizer-se que o compilador baseado na nuvem inclui o navegador Web, o módulo de gestão de utilizadores, o módulo de gestão de ficheiros e o próprio compilador. A implantação de cada um destes módulos determina a flexibilidade futura do sistema. Normalmente, os módulos podem ser implantados como mostrado para obter a maior flexibilidade.

O compilador baseado na nuvem é composto por três nós.

1. Cliente

   O nó cliente reside no local do utilizador. O navegador Web é implantado no nó do cliente. O utilizador interage com o compilador baseado na nuvem utilizando o navegador Web e o protocolo HTTP. Não é efectuado qualquer processamento no nó cliente, que é um nó independente.

O nó cliente é uma entidade independente. O cliente pode aceder ao sistema a partir de qualquer nó à sua escolha. Uma vez que os dados não residem no nó cliente, o cliente terá a mesma experiência e os mesmos dados ao aceder a partir de qualquer sistema no mesmo momento.

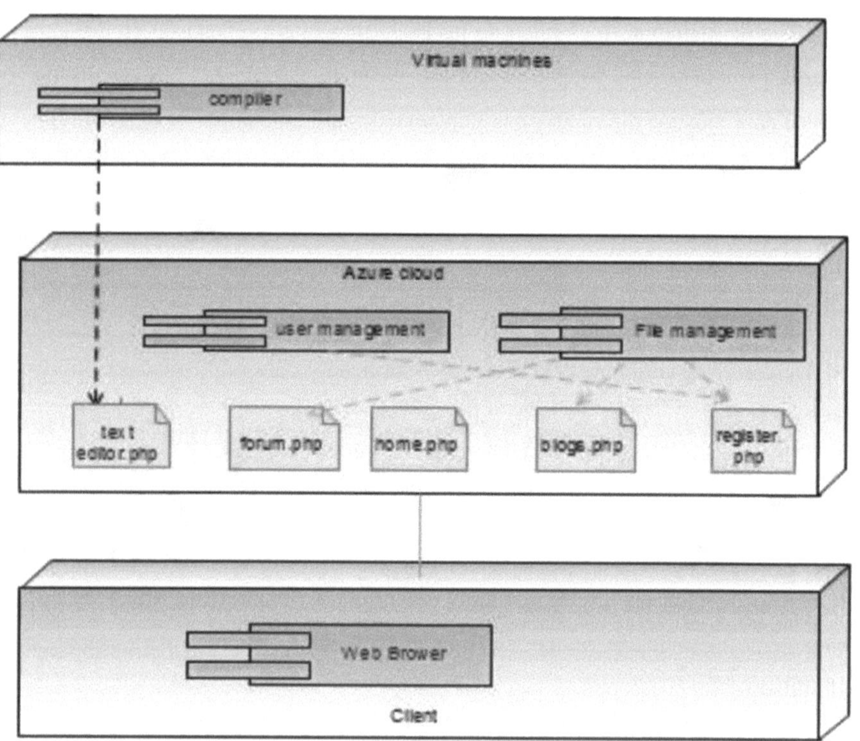

2. Nuvem Azure

A Nuvem Azure aloja os servidores e os processos críticos do sistema. É responsável por todas as actividades de gestão de utilizadores e ficheiros. A

Nuvem Azure aloja o servidor de gestão de ficheiros, o servidor Web, o Gestor de Máquinas Virtuais, o gestor de fóruns e blogues e o editor de texto que interage com o compilador.

3. Máquina virtual

   O compilador está alojado na máquina virtual e os programas são executados nesta máquina virtual. O sistema cria uma máquina virtual em tempo de execução, a pedido, para cada linguagem suportada no sistema. O alojamento e a implementação dos compiladores através de máquinas virtuais acrescenta uma camada adicional de segurança ao sistema. Temos a capacidade de adicionar ou destruir máquinas virtuais e, consequentemente, os programas maliciosos, caso haja algum problema.

REQUISITOS DO SISTEMA

Os requisitos do sistema são a configuração que um sistema deve ter para que uma aplicação de hardware ou software funcione sem problemas e de forma eficiente. O não cumprimento destes requisitos pode resultar em problemas de instalação ou de desempenho. Os primeiros podem impedir a instalação de um dispositivo ou aplicação, enquanto os segundos podem provocar o mau funcionamento de um produto ou um desempenho abaixo das expectativas, ou mesmo o seu bloqueio ou falha.

O sistema de compilação baseado na nuvem foi concebido para funcionar num sistema mínimo. Os requisitos de hardware e software mencionados abaixo são das máquinas virtuais criadas pela nuvem do Azure.

Requisitos de hardware:

- Processador AMD Athlon X2 Dual core
- Disco de armazenamento virtual 10 GB
- 6 GB DE RAM

Requisitos de software:

- Distribuição Linux (Ubuntu 12.04 utilizado)
- LAMP: Linux, Apache, MySQL, PHP.
- Compiladores para as línguas a serem suportadas.
    - o IcedTeajdk 7 (para JAVA)
    - o G++ (para C++)
    - o GCC (para C)
    - o PyDEV (para python)

APLICAÇÃO FINAL

O amplo suporte para a implantação de aplicações baseadas em PHP no Windows Azure despoletou a ideia de construir a aplicação utilizando PHP. De acordo com esta ideia, foi desenvolvida a aplicação Web para criar um compilador em linha. O código é um script do lado do servidor que define o caminho e dá opções variadas. O único dilema reside na implementação dos compiladores. Os compiladores estão alojados em máquinas virtuais criadas na nossa conta de nuvem do Windows Azure. O caminho é definido para estes compiladores utilizando variáveis de ambiente na máquina virtual.

A FRENTE

O Front End de um sistema é a interface de utilizador que é visível para os utilizadores. Sendo programadores, os utilizadores estão habituados a um determinado conjunto de funcionalidades e a uma facilidade de codificação que é proporcionada pelo IDE da sua escolha. A ideia é proporcionar um aspeto e uma sensação semelhantes e a maioria das funcionalidades aos utilizadores através do serviço de compilação. O front end foi criado utilizando as mais recentes normas Web, com recurso à pilha de desenvolvimento Web de fonte aberta que inclui HTML5, CSS3 e jQuery. A programação do lado do servidor foi efectuada com PHP3.

O front end consiste num editor de texto do tipo IDE com características semelhantes e uma saída de terminal para fornecer a saída do compilador. O ecrã de gestão de ficheiros à direita oferece uma opção para ver e editar os ficheiros criados pelo sistema.

Ao criar um novo projeto, o utilizador tem também a possibilidade de selecionar a língua em que pretende criar o projeto. O sistema gera uma estrutura de ficheiros pré-determinada e um modelo de código "Hello World" gerado automaticamente. O utilizador é livre de modificar o código de acordo com as suas necessidades e executá-lo no compilador.

O FINAL

O back end foi criado utilizando a plataforma de nuvem Azure. A nuvem Azure foi utilizada como servidor de ficheiros, servidor Web e para a criação e destruição de máquinas virtuais para compilação e execução dos programas. A nuvem do Azure fornece todo o suporte de back-end necessário para o sistema de compilação baseado em nuvem.

A nuvem Azure é responsável pela gestão de utilizadores e de ficheiros do sistema de compilação. A gestão de ficheiros é completamente automatizada para simplificar o sistema.

A nuvem Azure também faz cópias de segurança automáticas dos sistemas e dos ficheiros de código correspondentes dos utilizadores. Em caso de falhas críticas do sistema ou calamidades naturais, o servidor pode ser reposto em segurança para um ponto anterior utilizando estas cópias de segurança.

MECANISMOS DE SEGURANÇA

Uma das principais razões para a fraca adaptabilidade das tecnologias baseadas na computação em nuvem é a questão da segurança e da privacidade dos dados. Para além das questões supramencionadas, o conceito de um compilador baseado na computação em nuvem traz a sua própria gama de problemas. Algumas das características de segurança incorporadas no sistema são as seguintes

a. Abstração

De acordo com o dicionário, a abstração é a qualidade de lidar com ideias em vez de acontecimentos. Por exemplo, se considerarmos o caso do correio eletrónico, detalhes complexos como o que acontece assim que se envia uma mensagem de correio eletrónico e o protocolo utilizado pelo servidor de correio eletrónico são ocultados ao utilizador. Assim, para enviar uma mensagem de correio eletrónico, basta escrever o conteúdo, mencionar o endereço do destinatário e clicar em enviar.

Do mesmo modo, na programação, a abstração é um processo que consiste em esconder os pormenores de implementação do utilizador, sendo-lhe apenas fornecida a funcionalidade. Por outras palavras, o utilizador terá a informação sobre o que o objeto faz em vez de como o faz.

Os dados, a apresentação e a camada de processamento são completamente abstraídos do utilizador. O utilizador não tem qualquer acesso a estes serviços e fornece. É fornecida ao utilizador uma interface de utilizador com características semelhantes às de um IDE e espera-se que o utilizador realize as mesmas actividades que realizaria num IDE.

b. Caixa de areia

Em segurança informática, uma caixa de areia é um mecanismo de segurança para separar programas em execução. É frequentemente utilizada para executar programas ou códigos não testados ou não fiáveis, possivelmente de terceiros, fornecedores, utilizadores ou sítios Web não verificados ou não fiáveis, sem correr o risco de prejudicar a máquina anfitriã ou o sistema operativo. Uma caixa de areia fornece normalmente um conjunto de recursos rigorosamente controlado para os programas convidados executarem, como espaço em disco e memória. O acesso à rede, a capacidade de inspecionar o sistema anfitrião ou de ler a partir de dispositivos de entrada são normalmente proibidos ou fortemente restringidos.

Para aumentar a segurança do sistema anfitrião, o ambiente de compilação e execução no sistema anfitrião é colocado em sandbox.

c. Máquinas virtuais

Uma máquina virtual é um ficheiro de computador, normalmente designado por imagem, que se comporta como um computador real. Por outras palavras, cria um computador dentro de um computador. É executado numa janela, tal como qualquer outro programa de computador, dando ao utilizador final a mesma experiência numa máquina virtual que teria no próprio sistema operativo anfitrião. A máquina virtual é separada do resto do sistema, o que significa que o software dentro de uma máquina virtual não pode escapar ou adulterar o próprio computador.

Devido a estas características, as máquinas virtuais fornecem uma camada adicional de segurança ao sub-sistema do compilador. É criada uma nova instância de máquina virtual para cada língua que está a ser utilizada no sistema. Os utilizadores têm uma experiência independente. Uma vez que as máquinas virtuais são inerentemente "sandbox", os sistemas são isolados e não há qualquer efeito adverso no sistema no caso de um código malicioso inadvertido ser executado no sistema.

d. Verificação de vírus

Um verificador de vírus é um componente de um pacote de software antivírus que verifica um disco rígido ou um ficheiro em busca de vírus e outros itens nocivos. Estes programas são concebidos para vários sistemas operativos e os métodos de verificação podem ser manuais ou automáticos. Os scanners funcionam em conjunto com outros elementos do software antivírus, tais como contentores de vírus e outras ferramentas.

Os scanners de vírus dependem de uma base de dados de vírus que tem de ser actualizada ao longo do tempo. À medida que são criados mais vírus e programas de malware, os fabricantes de software antivírus incorporam-nos nos seus scanners e programas. Sem uma base de dados actualizada, um scanner antivírus será muito menos eficaz e terá menos probabilidades de colocar os vírus em quarentena numa unidade.

Para combater eficazmente a ameaça crescente de vírus, o sistema depende de uma API externa de verificação de vírus. Isto garante que as bases de dados de vírus estão sempre actualizadas. Para além disso, elimina o risco de os sistemas locais de verificação de vírus serem derrubados pela utilização de quaisquer ataques.

e. Protocolo HTTPS

O Hyper Text Transfer Protocol Secure (HTTPS) é a versão segura do HTTP, o protocolo através do qual os dados são enviados entre o seu browser e o sítio Web a que está ligado. O 'S' no final de HTTPS significa 'Seguro'. Significa que todas as comunicações entre o seu navegador e o sítio Web são encriptadas. O HTTPS é frequentemente utilizado para proteger transacções em linha altamente confidenciais, como a banca em linha e os formulários de encomenda de compras em linha.

CARACTERÍSTICAS

O compilador baseado na nuvem fornece uma interface de utilizador e uma experiência semelhante à de um compilador tradicional. A ideia de um compilador baseado na nuvem só será um sucesso se fornecer, pelo menos, todas as funcionalidades de um compilador tradicional, mais algumas.

As características finais implementadas no compilador baseado na nuvem são as seguintes

a. Compilar e executar

O compilador baseado na nuvem fornece uma interface de compilação ao utilizador. O utilizador pode criar programas na linguagem pretendida e selecionada, efetuar correcções de código, compilar o programa e, por fim, executá-lo. O sistema fornece um espaço de utilizador semelhante a um terminal, onde o utilizador pode ver os erros de compilação e de sintaxe e visualizar os resultados da execução do programa. O sistema fornecerá um espaço de utilizador semelhante a um terminal, onde o utilizador poderá ver os erros de compilação e de sintaxe e visualizar os resultados da execução do programa.

b. Capacidades de depuração

Uma das expectativas do utilizador em relação a um compilador é fornecer uma boa capacidade de depuração e uma interface que possa ajudar o programador a analisar os erros lógicos no código. O compilador baseado na nuvem fornece uma interface de terminal que pode ser utilizada para depurar um programa e visualizar os valores dos campos durante o tempo de execução.

c. Auto Complete

Um dos aceleradores de programação essenciais que um programador procura é a conclusão automática do código. O compilador baseado na nuvem utiliza um optimizador de código incorporado e um analisador que ajuda a prever e a completar automaticamente o código. Isso ajuda muito o programador a acelerar o desenvolvimento do código.

d. Formatação e recuo de código

À medida que o tamanho e a complexidade do código aumentam, o código precisa de ser formatado e recuado corretamente para melhorar a sua legibilidade e compreensão. O editor de texto do compilador baseado na nuvem efectua a formatação automática do código, a sintaxe codificada por cores e a indentação do código, o que reduz esta tarefa do programador para o sistema, reduzindo o tempo de codificação necessário.

e. Sem instalação

A parte mais entediante da utilização de um compilador é a sua instalação e configuração. Estando num ambiente baseado na nuvem, pré-construído e pré-configurado, o compilador baseado na nuvem não necessita de qualquer instalação. Todas as actualizações do compilador são aplicadas automaticamente e o utilizador não é sobrecarregado com a tarefa de actualizações constantes do compilador.

f. Independente do sistema

O compilador está configurado para ser independente do sistema. Não existe qualquer dependência do sistema em relação a qualquer cliente. O código é compilado e executado numa máquina virtual remota. Não há ficheiros executáveis descarregados pelo utilizador. O utilizador pode executar o mesmo código qualquer número de vezes a partir de qualquer dispositivo, iniciando sessão no sistema de nuvem.

g. Blogues e fóruns

O ecossistema do compilador baseado na nuvem consiste numa comunidade orientada para o utilizador, composta por blogues e fóruns. O utilizador pode criar os seus próprios blogues para partilhar conhecimentos. Existe também um fórum orientado para o utilizador, onde este pode colocar as suas questões e os outros utilizadores podem responder-lhes, dando origem a um ecossistema aberto, colaborativo e orientado para o conhecimento.

h. Desenvolvimento colaborativo

Uma das características que faltam num compilador tradicional é o desenvolvimento colaborativo em tempo real. No compilador baseado na nuvem, o utilizador pode convidar outros utilizadores a colaborar no seu projeto. Os colaboradores podem ver e editar o código e ajudar e acelerar o desenvolvimento do código em tempo real.

i. Controlo automático de versões

A maioria dos IDEs não suporta um sistema de controlo de versões. Os programadores geralmente utilizam um software de terceiros como o GIT ou o Tortoise SVN para as suas necessidades de controlo de versões. O compilador baseado na nuvem tem um mecanismo de controlo de versões implícito que mantém automaticamente as versões do código. O código pode ser revertido para qualquer versão anterior a qualquer momento.

j. Cópias de segurança do código

O servidor efectua periodicamente cópias de segurança do sistema. Isto garante que os dados do utilizador nunca se perdem, mesmo em caso de catástrofes naturais. As cópias de segurança são abstraídas do utilizador e este não tem acesso às mesmas. Em caso de emergência, as cópias de segurança podem ser restauradas a partir do servidor e o estado do sistema revertido para um momento anterior.

k. Suporte multilingue

O compilador baseado na nuvem oferece suporte a várias linguagens de programação. O utilizador pode selecionar a linguagem desejada para criar o projeto. Atualmente, o sistema suporta as linguagens C++, Java, Python, HTML, PHP, Ruby e MySQL.

CAPTURAS DE ECRÃ DA APLICAÇÃO

<u>Página inicial</u>

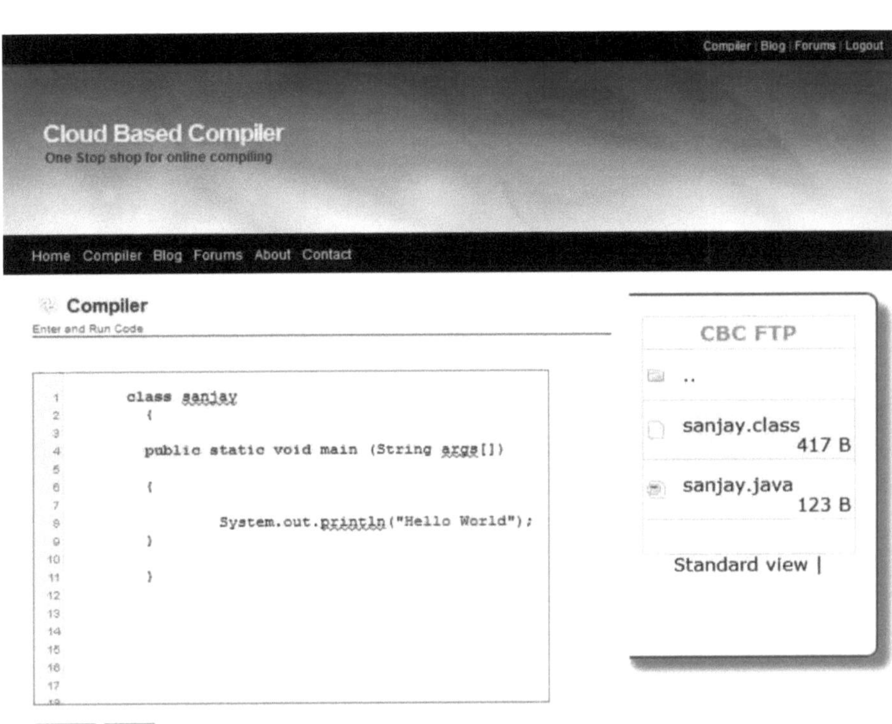

IDE em linha e estrutura de ficheiros

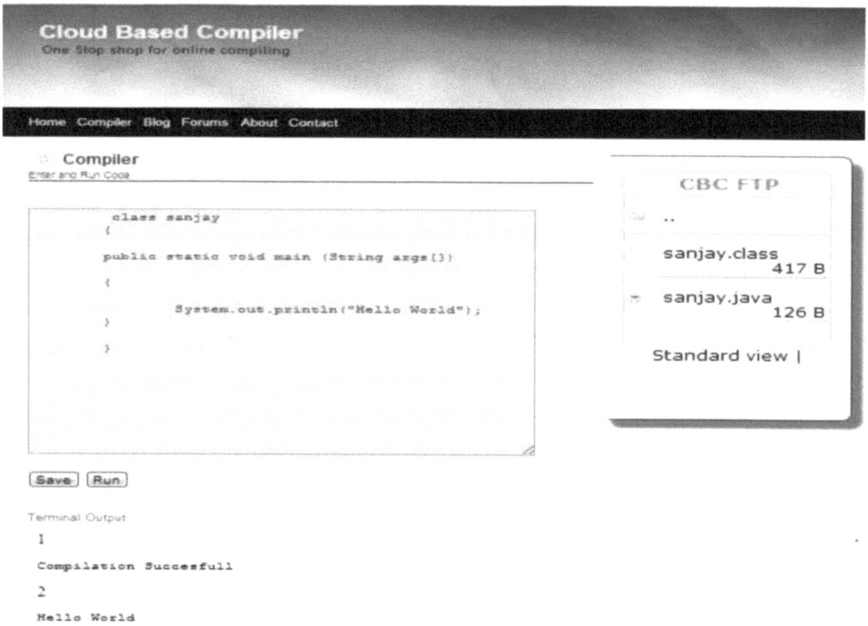

Compilador em ação

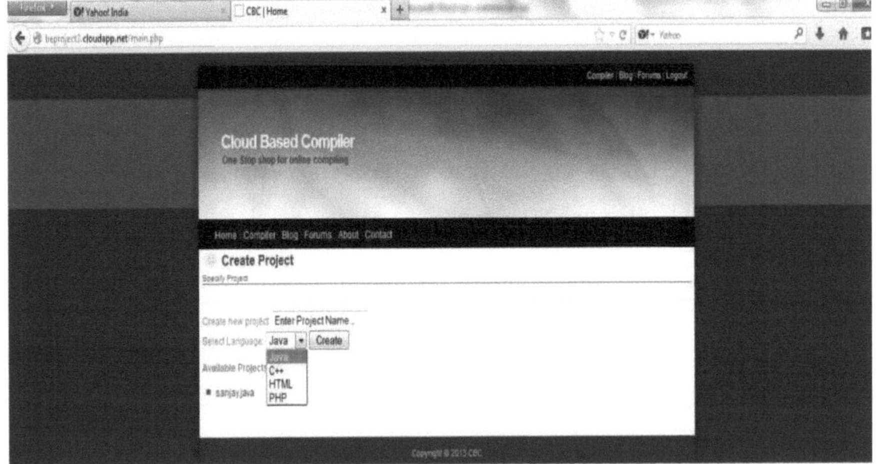

Suporte multilingue

SEGURANÇA DO PRÓPRIO SISTEMA

Uma caraterística adicional de um compilador baseado na nuvem é o aumento das medidas de segurança. Utilizamos o mecanismo de teste de assinaturas, ou seja, um tipo de programa antivírus que procura num sistema assinaturas de vírus que tenham sido anexadas a programas executáveis e aplicações como clientes de correio eletrónico. Um antivírus pode procurar todos os códigos executáveis quando um sistema é iniciado ou procurar um ficheiro apenas quando é feita uma alteração ao ficheiro, uma vez que os vírus alteram os dados num ficheiro.

Mecanismo de segurança implementado para evitar que programas maliciosos sejam executados nos compiladores, utilizando uma máquina virtual como caixa de areia e a API de verificação de assinaturas de vírus do VirusTotal.com.

O compilador está também alojado numa máquina virtual em vez de nos servidores principais. Isto ajuda a isolar o ambiente de execução e elimina o acesso não intencional às áreas críticas da memória e às bases de dados. A máquina virtual também pode ser desligada em caso de acesso não solicitado aos sistemas críticos.

Além disso, todo o sistema ecológico do compilador é completamente protegido por uma caixa de areia. O sandboxing impede que os programas em execução acedam a quaisquer aplicações externas. A idéia por trás do sandboxing é que a maioria dos programas que são executados são programas independentes. Assim, os programas não precisam de aceder a quaisquer outras aplicações ou à rede. O único canal de comunicação e a transferência de dados que acontece é entre o servidor Web e a máquina virtual que aloja o compilador através de um canal HTTPS seguro. Os dados não são processados e são apenas reencaminhados para o cliente para evitar quaisquer hipóteses de um acesso backdoor à nuvem e aos servidores Web no Azure.

CONCLUSÃO

A principal razão para criar o projeto é fornecer um esquema de compilação centralizado. Além disso, ele funcionará como um repositório centralizado para todos os códigos escritos. A outra grande vantagem que este sistema terá sobre os outros é que tornará o sistema dos utilizadores mais leve, ou seja, não haverá necessidade de manter compiladores separados no lado do cliente. Além disso, o processo de manutenção e distribuição de nomes de utilizador e palavras-passe dinâmicos será muito simplificado. Além disso, será possível a autenticação e a distribuição personalizada de tarefas. Um compilador, que é o coração de qualquer sistema informático, transforma o código fonte de uma linguagem de nível superior para uma linguagem de nível inferior, de máquina. Isto é feito principalmente para criar ficheiros executáveis que podem depois ser executados para executar o programa e as suas instruções. Em comparação com o cenário atual, em que cada compilador tem de ser instalado em cada máquina separadamente, isto eliminaria a necessidade de instalar compiladores separadamente. Assim, podemos verificar o nosso código num servidor centralizado. Outra vantagem deste projeto é que, sempre que o pacote do compilador tiver de ser atualizado, isso pode ser feito facilmente sem voltar a instalá-lo em cada máquina.

ÂMBITO DE APLICAÇÃO FUTURA

1) **Fornecer mais compiladores:** A aplicação pode ser alargada para fornecer compiladores para Python, FORTRAN, COBOL, C#, etc. A maioria dos compiladores requer a autorização de determinadas bibliotecas de carga e parâmetros de nome do sistema.

2) **Implementar um mecanismo de segurança:** Esta é uma questão que pode pôr em causa a capacidade de sobrevivência da aplicação. As instalações do utilizador estão normalmente protegidas por uma firewall. E os dados estão seguros na nuvem, uma vez que o Azure fornece vários mecanismos de confidencialidade e integridade dos dados. Um atacante pode executar qualquer ataque malicioso no compilador para corromper todo o sistema direcionado para o compilador centralizado. A autenticação do utilizador pode ser mantida utilizando palavras-passe, autenticação passTicket ou autenticação FTP. Para evitar ataques de programas maliciosos, pode ser utilizado um sistema complexo que forneça o mecanismo de teste Sandbox.

3) **Fornecer medidores de eficiência e add ons de otimização de código:** Estes forneceriam a complexidade do código e ajudariam o utilizador a melhorar a escrita de códigos melhores, fornecendo uma medida para compreender as suas capacidades de codificação

4) **Criar API's Web:** Também podemos fornecer o projeto acima referido utilizando API's na nuvem. Isto ajuda a criar uma forma mais interactiva de fornecer software como um serviço.

5) **Aplicações móveis:** As aplicações móveis podem ser desenvolvidas para que os utilizadores possam criar e executar as suas aplicações utilizando os seus telemóveis com maior facilidade. Isto proporcionaria uma maior facilidade de utilização, uma vez que não teriam de passar pelo incómodo de entrar num site optimizado para ambiente de

trabalho através dos seus telemóveis.

6) **Edição colaborativa:** Podem ser adicionadas funcionalidades de edição colaborativa para que grandes grupos de projectos possam trabalhar no projeto em linha e com facilidade.

REFERÊNCIAS

* Rabiyathul e Basariya K Tamil Selvi, "Centralized C# Compiler Using Cloud Computing", International Journal of Communications and Engineering Volume 06- No.6, Issue: 02 March2012.
* "Challenges in deploying SaaS applications", documento técnico da Imaginea Inc.
* "O futuro da computação em nuvem", www.roseindia. net
* Donovan Kretsman, "SaaS | não deixe a nuvem atrapalhar o seu desfile", blogue de www.focalscope.com sobre SaaS
* "Vantagens do SaaS", www.cloudtweaks.com
* M. Tim Jones, "Anatomia de uma infraestrutura de armazenamento na nuvem", www.ibm.com
* "Crie e implemente rapidamente aplicações de Software como um Serviço", documento técnico da Ironspeed Inc.
* "Tutoriais Windows Azure" http: //www.windowsazure.com/en-us/develop/net/tutorials/get-started
* Fornecedor de plataformas múltiplas em linha: www.compilr.com
* Compilador em linha: www.cloudcompiling.com

Printed by Books on Demand GmbH, Norderstedt / Germany